LES GRÈVES

PARIS. — IMP. SIMON RAÇON ET COMP., RUE D'ERFURTH, 1.

H. LENEVEUX

LES

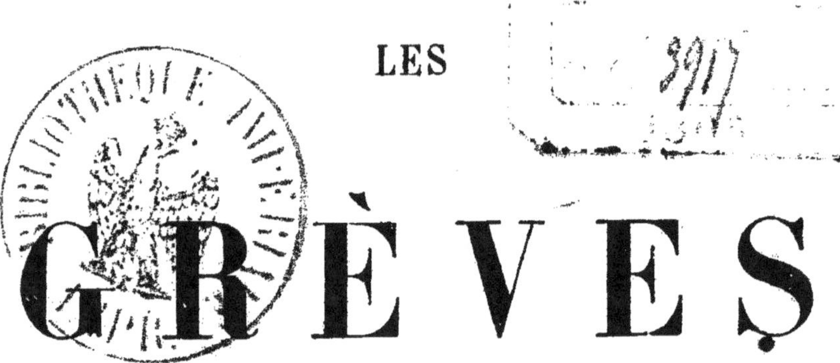

GRÈVES

PARIS

PAGNERRE, LIBRAIRE-ÉDITEUR

18, RUE DE SEINE

1865

I

Les libertés sont sœurs, et sœurs inséparables. Chacune d'elles doit rencontrer à ses frontières d'autres libertés qui la limitent. et ne lui permettent pas de changer de caractère.

Or, ce qui se passe en ce moment dans l'industrie parisienne, ces luttes ruineuses entre les fabricants et leurs ouvriers, ces abus de la force collective dont je vais à regret me faire l'historien, prouvent que la soi-disant liberté du travail, non contenue par la liberté de discussion, d'une part, et de l'autre non garantie par la liberté de réunion et d'association, n'est qu'un ferment de discordes civiles, et pourrait devenir l'arme terrible d'une véritable guerre sociale.

1.

Avant d'aller plus loin cependant, il nous parait utile de reconnaître en principe la parfaite légitimité des tendances de chaque citoyen à tirer de son travail le plus grand parti possible. Le choix d'une carrière lucrative et sa fructueuse exploitation sont pour beaucoup de familles, déjà aisées, une des grandes préoccupations de la vie, quand elle n'est pas l'unique, et personne n'y trouve à redire. On ne saurait donc s'étonner que ceux qui n'ont à attendre leur bien être que du labeur quotidien cherchent à rendre celui-ci moins pénible et celui-là plus complet. Les institutions sociales, plus égalitaires en France que dans le reste de l'Europe, viennent d'ailleurs encourager les progrès qui s'accomplissent chaque jour dans la répartition de la richesse nationale.

Mais cette marche progressive vers l'égalité des conditions, ou du moins vers une proportionnalité équitable entre la condition et l'intelligence, ne saurait se continuer avec succès au milieu d'une lutte déplorable, où les notions du juste et du possible s'obscurcissent, et sont remplacées par la force d'inertie, mise au service d'aspirations quelquefois irréalisables, ou qui ne pourraient l'être qu'à l'aide du temps et de la science.

Nous avons dit que la liberté de coalition ne saurait s'appeler la liberté du travail, si d'autres libertés indispensables ne venaient l'empêcher de dégénérer en luttes impuissantes, et qui ruineraient à tour de rôle

tantôt les chefs d'industrie, tantôt leurs ouvriers.
Nous allons essayer de le prouver.

II

L'an dernier, M. Émile Ollivier avait été chargé de
refondre en quelque sorte la loi sur les coalitions d'ouvriers, à laquelle les organes du gouvernement avaient
proposé quelques modifications sans valeur. Son rapport, très-remarquable, très-savamment étudié, qui
présentait avec une rare impartialité les arguments
des économistes opposés ou favorables à la liberté de
coalition, arrivait à cette conclusion, alors adoptée
par la majorité de la commission dont il était le rapporteur :

« Avant de plaider, on est obligé de comparaître en
conciliation devant le juge de paix ; la tentative
d'ordre amiable se place avant l'ordre judiciaire ; d'a-
près le congrès de Paris, la guerre doit être précédée
d'un essai de médiation. Pourquoi la guerre industrielle ne serait-elle pas, comme la guerre judiciaire,
comme la guerre politique, précédée d'un essai de
conciliation?... »

Suivait un projet de loi dont voici la teneur, projet qui fut abandonné de la majorité de la Commission et de son rapporteur, sans avoir été défendu sérieusement, sans même qu'un semblant de discussion eût paru donner une apparence de raison à cet abandon.

« Seront punis d'une amende de 16 à 200 francs, et de la privation des droits politiques pendant un an au moins et six ans au plus, tous ouvriers ou entrepreneurs d'ouvrage qui, par suite d'un plan concerté, auront cessé ou fait cesser le travail *sans avoir eu préalablement recours à une tentative de conciliation...* »

« La tentative de conciliation aura lieu devant les personnes désignées *d'un commun accord par les parties ;* à défaut d'accord, devant le conseil des prud'hommes ; lorsqu'il n'existera pas de conseil de prud'hommes, devant une commission mixte, composée en nombre égal de patrons et d'ouvriers, et formée par le président du tribunal de commerce.

« Si la tentative de conciliation échoue, soit parce qu'il a été impossible de s'entendre, soit parce que les parties appelées n'ont pas comparu, il sera dressé procès-verbal faisant sommairement mention que les parties n'ont pu s'accorder. »

Ce projet de loi, dont nous allons discuter le sens et la portée, avait pour lui toutes les chances possibles d'adoption. On a vu qu'il était approuvé de la majorité de la Commission; son caractère essentiel de conciliation le faisait bien accueillir de l'opinion publique ; les principaux organes de la presse avaient loué le talent et les vues élevées du rapporteur. L'opposition elle-même hésitait entre une question de principes et une loi de transition : en se décidant pour le principe de liberté, en demandant l'abrogation pure et simple des articles 414, 415 et 416 du Code pénal, elle paraissait donner une dernière certitude de l'adoption de la loi par la majorité du Corps législatif.

Et cependant, contre toutes les prévisions, c'est le principe de liberté pure et simple qui a prévalu : l'opposition a remporté une victoire aussi inattendue que surprenante pour elle. De fait, et les événements qui se succèdent nous en apportent chaque jour une nouvelle preuve, la coalition, ou, pour parler le langage, trop vrai d'ailleurs, de M. Émile Ollivier, « la guerre » est permise « avant le congrès, » c'est-à-dire que les articles qui faisaient de la coalition un délit sont complétement abrogés.

Comment et pourquoi ce revirement s'est-il donc opéré? Nous en sommes réduits sur ce point aux conjectures. La plus probable, c'est que les conseillers du gouvernement, s'inspirant de ses traditions à l'endroit des libertés en général, auront compris que le second paragraphe du projet de loi, aux termes duquel les parties pourraient *nommer* des arbitres, en-

traînait forcément le droit de réunion pour les patrons
et pour les ouvriers ; et ils auront également craint
que ce droit ne fût réclamé plus tard, avec juste raison, par les autres catégories de citoyens.

Il n'était cependant plus possible de laisser dans
notre Code pénal, sans modification, les articles 414,
415 et 416. L'excessive pénalité qui frappait autrefois
les coalitions ouvrières avait amené ce singulier résultat que les prétentions des ouvriers ne s'en pro-
duisaient pas moins sous cette forme ; mais qu'elles
ne dépassaient jamais les limites du juste et du possible. Dans ces limites, en effet, les entrepreneurs
faisaient avec plus ou moins d'humeur les concessions
demandées, parce qu'ils reculaient généralement devant une plainte qui aurait entraîné pour leurs ouvriers des punitions d'une sévérité draconienne. Ceux-
ci, qui couraient les risques graves d'une poursuite,
avaient toujours soin de mettre à l'avance l'opinion
publique de leur côté, tant par la nature excessive-
ment modérée de leurs demandes que par la forme
dans laquelle ils les présentaient, et par le désir
qu'ils témoignaient de les discuter avec leurs patrons
au sein de commissions mixtes[1]. Et si, malgré ces
précautions, la justice finissait quelquefois par inter-
venir, on sait ce qu'en dernier lieu devenaient ses
arrêts : une lettre morte.

___

[1] La ligne suivie en 1861 et 1862 par les typographes en donne
la preuve la plus complète.

Il était donc équitable et raisonnable de ne pas laisser subsister une pénalité qui ne se trouvait plus en rapport avec l'état de nos mœurs. Mais s'ensuit-il qu'à ce régime insoutenable par sa sévérité devait succéder une liberté bâtarde, mal définie, sans garanties, et grosse de conflits, comme celle que les ouvriers font sortir en ce moment de la nouvelle législation?

III

Revenons à M. Ollivier. Quels ont dû être ses motifs, à lui, de renoncer à soutenir son œuvre? Nous croyons tout simplement qu'il a voulu rester jusqu'au bout le rapporteur d'une loi votée par la majorité, et que, pour atteindre ce but d'une ambition étroite, il a mis dans sa poche son drapeau de conciliation, et s'est laissé battre, sans mot dire, par les arguments plus que réfutables des commissaires du gouvernement et du conseil d'État.

Selon ces messieurs, l'*obligation* de tenter de se concilier avant la bataille était « contraire aux principes. » Les principes! mais c'était précisément le terrain de l'opposition, et elle seule pouvait invoquer l'argument, car en réclamant la liberté du travail, elle ne cessait de réclamer toutes celles, absentes, hélas ! qui pouvaient la limiter et la contenir.

Sérieusement, un habile avocat comme M. Ollivier pouvait-il se payer de ces mots : « les principes, » et ne rien objecter quand ces messieurs ajoutaient : « *La liberté guérira elle-même les maux que causera la liberté.* » Cela voulait-il dire que de cette liberté sans contrôle et sans garanties nous serions bien vite lassés ? Où sont donc les libertés qui doivent compléter celle du travail et en faire autre chose qu'un mensonge ? Où sont la liberté de la presse, la liberté de réunion, le droit d'association ?

IV

Ainsi, il y avait un projet de loi qui disait clairement : Les luttes entre salariés et salariants ont depuis longtemps pris le caractère regrettable d'une guerre, et de la pire de toutes, la guerre sociale. Préparons d'abord des moyens de conjurer cette douloureuse perspective : créons une institution légale qui puisse prévenir cette guerre quinze fois sur vingt :

ne punissons que ceux qui auront voulu se soustraire quand même à ce qu'un peu de lumière soit faite sur leurs prétentions. Et si, malgré nos efforts, la conciliation n'a pu s'opérer, et que la lutte s'engage, que ce soit du moins à armes égales.

Tel était le projet de loi. Ce qu'est la loi votée, ce qu'elle a produit, nous allons le dire.

La loi votée ouvre immédiatement le champ clos, et elle dit aux combattants, animés les uns contre les autres par une foule de malentendus et de préjugés que la discussion n'a pu dissiper : « Allez ! » Elle ajoute seulement : « Pas de violences ; pas de menaces ; pas de manœuvres frauduleuses ! »

Eh bien ! sans violences, sans menaces, sans manœuvres frauduleuses, des milliers d'ouvriers, honnêtes gens, bons travailleurs, que talonnent les nécessités de la vie, qu'entraînent par imitation les habitudes de luxe et de bien-être du Paris moderne, et qui, se faisant une fausse idée des conditions générales de l'exercice de leur industrie, croient que l'augmentation progressive du salaire est la panacée universelle ; des milliers d'ouvriers, disons nous, atteints de cette maladie épidémique et contagieuse qu'on nomme *la grève*, cessent un matin de travailler, après avoir arrêté des tarifs de prix de main-d'œuvre qu'ils croient équitables, et qu'en conséquence ils proposent à l'acceptation de leurs patrons.

En vain les plus raisonnables, les moins irritables d'entre les entrepreneurs ou les fabricants, essayent d'obtenir, dans quelque entrevue, un examen préalable des conditions imposées par les coalisés. En vain demandent-ils à établir qu'une augmentation ne peut être supportée sur tel ou tel article, sous peine de le voir fournir désormais par la fabrique étrangère ou départementale : si d'aventure on les écoute, on ne les croit pas. D'autres offrent communication de traités, de marchés qui les lient pour un temps déterminé à des prix basés sur les salaires jusque-là demandés ; on leur répond, quand on leur répond, qu'ils ont eu tort de s'engager à l'avance, ou qu'ils devaient tenir le même compte de l'éventualité d'une augmentation de salaires que de la perspective d'une élévation de prix des matières premières. Il en est, enfin, qui offrent des compensations, c'est-à-dire, d'augmenter tel travail plutôt que tel autre. Efforts souvent inutiles ! la coalition, sourde et muette, signifie son *ultimatum*, et elle s'y tient.

Mais ce n'est pas tout ! Le refus collectif de travail ne se produit pas toujours pour une augmentation de salaire : ici, telle maison est mise en interdit parce qu'elle emploie les très-rares ouvriers qui n'appartiennent pas au compagnonnage du métier ; là, parce qu'elle demande des apprentis ou qu'elle en a un nombre supérieur à celui que désire la corporation ; là encore, parce qu'une grille et une cloche ne permettent qu'à de certaines heures l'entrée et la sortie des ouvriers ; ici encore, parce qu'on emploie ou qu'on se propose d'employer telle ou telle machine ; là, enfin, parce que le contre-maître ne plaît pas à la majorité.

En face de ces prétentions, dont quelques-unes paraîtront à tout homme sensé d'une souveraine injustice, les fabricants élevés à la vieille école de l'autorité absolue, ceux qui n'ont rien appris, ni rien oublié, n'écoutent plus que cette mauvaise conseillère : la colère. A leur tour ils se réunissent pour organiser tant bien que mal une résistance quelconque. L'un fera venir à grands frais quelques ouvriers inhabiles de la province ou de l'étranger ; un autre veut confier ses travaux à des femmes ; un troisième demande des soldats au ministre de la guerre ; les plus avisés font à la hâte des apprentis adultes. Tous s'agitent pour arriver à livrer les travaux promis, à sauver les bénéfices chiffrés à l'avance ; mais la coalition, généralement, a choisi son temps et son heure : elle s'est presque toujours révélée au début de la saison active, moment où elle est sûre d'exercer une plus grande pression.

V

Pourquoi les ouvriers ne font-ils pas de leur propre
gré ce que la loi n'a pas voulu faire? Pourquoi n'es-
sayent-ils pas, plus sérieusement qu'ils ne l'ont fait
jusqu'ici, de convaincre les entrepreneurs de la
justice de leurs demandes, avant d'user de ce moyen
suprême qu'on appelle la grève? Cela tient à plusieurs
causes. D'abord, l'arbitrage ou la tentative de conciliation amiable n'étant pas ordonnés par la loi, ils ne
sont pas toujours sûrs que les patrons consentiront
à les écouter, et que M. le préfet de police leur per-
mettra de se réunir pour nommer des délégués char-
gés de plaider leur cause. Et il est probable que
les autorisations demandées et accueillies pour cet
objet n'ont pas été nombreuses. Quant aux patrons,
sauf exception, ils ne tiennent pas suffisamment
compte de la gravité de la situation, et beaucoup
n'ont jamais consenti à entamer des pourparlers
qu'après avoir vu leurs ateliers déserts. Dans cette
difficile position, les ouvriers recourent aux res-
sources que leur offre l'organisation mystérieuse du
compagnonnage. Là, on ne discute pas; on agit :
l'unité d'action s'obtient sans conteste, et quelques

dictateurs, revêtus de pouvoirs à peu près illimités, organisent la bataille. Ils sont bien, de par l'élection, l'expression de la majorité; mais en l'absence de garanties légales qui permettraient aux intéressés de leur confier, après discussion, un mandat nettement déterminé, force est bien de les laisser maîtres des décisions à prendre, et de se borner à leur obéir passivement. Qu'y a-t-il donc d'étonnant à ce que ces hommes, investis d'un semblable commandement, se laissent aller à tous les écarts du pouvoir absolu?

VI

La force collective ouvrière, qui a survécu malgré la suppression des corporations, parce qu'elle répondait à des nécessités sociales dont nos pères ont oublié de tenir compte, et qui n'a cessé, en vertu de ces nécessités, de lutter contre l'isolement où étaient réduits les travailleurs en face des forces considérables du capital, cette force collective n'a plus aujourd'hui, selon nous, de suffisant contre-poids, et elle tend à devenir oppressive. Les patrons, quoi

2.

qu'on en dise, n'ont jamais bien su et ne sauront jamais s'entendre aussi complétement que les ouvriers : la nécessité de l'union n'est pas chez eux aussi impérieuse, et ils ont, du moins entre eux, bien plus que leurs compétiteurs, les habitudes et les mœurs de la liberté. Aussi les conséquences des grèves sont-elles bien plus favorables aux ouvriers français qu'aux ouvriers anglais : outre-Manche, la victoire reste souvent à la puissance des millions ; ici il y a chance, surtout à présent, pour qu'elle demeure aux gros bataillons. Mais à quel prix, et en laissant quelles traces?

Le défaut capital des compagnonnages, c'est d'en être arrivé à faire de la défense des intérêts de l'ouvrier, comme une sorte de religion, avec ses sectaires fanatiques, et au besoin ses martyrs ; d'avoir isolé le peuple du mouvement général des idées, de ressusciter ou d'entretenir au XIXe siècle la plupart des préjugés que nos pères croyaient enterrés à jamais par les édits de Turgot et les décrets des assemblées révolutionnaires. Nous appelons donc de tous nos vœux le moment où, devenues libres de se produire au grand jour, les associations d'ouvriers ne feront plus appel qu'à une discipline raisonnée, et n'exerceront plus qu'un pouvoir tempéré par la discussion et le débat au soleil.

VII

On pense bien que nous n'avons pas pris la plume
pour satisfaire un inutile désir de récrimination, et
que nous nous en prenons ici aux institutions, nulle-
ment aux hommes. Nous voyons un danger, danger
des plus sérieux, dans une situation qui excite des
citoyens les uns contre les autres, qui divise des
hommes ayant le plus grand intérêt, au contraire, à
vivre en bonne intelligence, situation qui consacre
légalement la guerre industrielle, au moment même
où les idées tendent à remplacer le vieil antagonisme
des classes par l'association.

Car, il faut que les amis des anciens priviléges en
prennent leur parti, le système monarchique, appliqué
au travail, craque et s'écroule de toutes parts. La
doctrine d'autorité dans l'atelier, absolue ou pater-
nelle, est battue en brèche par le flot montant de la
démocratie. Malheureusement l'édifice ancien tombe
en ruines avant que les fondations du nouveau
soient suffisamment assises, et les institutions fu-
tures du travail, comme tant d'autres, sont dans la
période douloureuse de l'enfantement.

L'an dernier, nos législateurs pouvaient aider à l'établissement régulier d'un régime de transition. L'entrepreneur d'ouvrage, comme le nomme actuellement la loi, est encore un élément forcé de notre organisme industriel ; il accomplit souvent la fonction dévolue au capital et celle de la capacité dirigeante, ou toujours au moins l'une des deux. En attendant que par l'association les ouvriers se soient habitués à choisir leurs commandants, à se discipliner volontairement autour d'eux, et qu'ils en aient trouvé d'assez dévoués pour préférer le traitement modeste du gérant aux chances plus ou moins sérieuses de la position d'entrepreneur, jusque-là, disons-nous, les ouvriers ont le plus grand intérêt à conserver, à améliorer même, leurs relations avec celui qu'on nomme encore le maître, un peu par habitude, un peu pour rendre hommage à la vérité. Quant à ce dernier, son intérêt à faire de son côté toutes les concessions possibles, même le sacrifice de certains bénéfices, et celui d'une partie de son autorité d'autrefois, est encore plus manifeste que celui des salariés. Rigoureusement ceux-ci peuvent se passer de lui : des associations bien dirigées trouveront toujours des capitalistes et souvent des chefs habiles, c'est-à-dire ce qu'il leur offre ; et elles espèrent que ce sera à des conditions moins coûteuses. Lui, ne peut rien sans le concours des ouvriers, sinon redevenir ouvrier ou se faire accepter comme gérant d'une association. La nécessité d'une cordiale entente est donc absolue pour lui, relative pour ceux qu'il emploie, et parlementer est le premier besoin des uns et des autres. Ce moyen de parlementer, la loi de l'an dernier pouvait et devait l'imposer ; elle ne l'a pas fait : c'est une faute grave, et qu'il faudra certainement réparer.

VIII

La réparation serait facile. Nos législateurs n'ont pas craint de nous laisser faire le dangereux essai de la liberté du travail. S'ils veulent sincèrement que la liberté guérisse les maux qu'elle aura causés, ils n'ont qu'à nous rendre le droit de réunion et le droit de discussion, autrement dit la liberté de la presse et la liberté d'association. Qu'ils prennent toutes leurs précautions contre les abus possibles de ces libertés ; ce sera peut-être un moyen de les faire durer, de les faire entrer profondément dans nos mœurs, et nous n'y contredirons pas, bien qu'en principe nous professions que la limite d'une liberté ne peut se trouver que dans une autre, et que telle paraît-être la doctrine des conseillers du gouvernement, au moins pour ce qui concerne la liberté du travail.

IX

La liberté d'association aurait pour premier résultat de modifier profondément les sociétés qui vivent
à l'ombre de l'idée surannée de corporation. Sans
doute, dans les premiers temps, les habitudes d'unité
absolue et d'obéissance passive amèneraient la créa-
tion de syndicats uniques pour chaque profession, et
des tarifs de main-d'œuvre s'élaboreraient partout,
mais cela se ferait cette fois de concert entre les deux
parties. Puis, avec le temps, et la discussion aidant,
l'esprit de liberté reprendrait le dessus : les compagnonnages n'oseraient plus traduire en actes les prétentions impossibles qu'ils étalent aujourd'hui ; des
groupes dissidents se formeraient, prenant chacun un
progrès pour drapeau, et tous alors, sous l'aiguillon
de la concurrence, rivaliseraient d'efforts pour cher-
cher et réaliser les moyens pratiques d'améliorer la
condition du travailleur. Tous ces efforts converge-
raient, nous en sommes certain, vers le perfection-
nement des diverses formes d'association, et surtout
vers celle qui est la moins étudiée en ce moment,
excepté dans l'imprimerie parisienne, l'association

dans l'atelier même du patron. C'est la meilleure école possible pour se former aux mœurs de l'institution à venir.

Il ne faut pas oublier l'impulsion considérable que donnerait à cet esprit de libre recherche la liberté de la presse. On paraît généralement persuadé que les journaux démocratiques suffisent à la publicité dont les questions économiques peuvent avoir besoin. C'est une erreur : ces questions sont généralement peu recherchées par les journalistes ; elles n'intéressent pas, du moins ils le croient, la masse de leurs lecteurs ; puis elles tiennent beaucoup de place ; enfin, les journaux ont généralement un programme dont ils tiennent à ne pas s'écarter, et de plus ces questions sont de leur nature très-grosses de polémique. Bref, malgré toute la bonne volonté des feuilles démocratiques, la discussion ou même l'enseignement des notions économiques ne sont pas ce qu'ils devraient être.

Quand nous demandons la liberté de discussion, nous ne réclamons pas seulement pour les ouvriers le droit de publier des journaux spéciaux, traitant des questions d'économie sociale et même de politique générale, nous réclamons aussi l'ouverture de cours libres où les ouvriers viendraient apprendre ce que leur situation nouvelle leur fait un devoir impérieux de connaître. Il est de la dernière inconséquence qu'en accordant la liberté de coalition, on ne fasse pas la seule chose peut-être qui puisse en prévenir les désastres, c'est-à-dire l'enseignement de l'économie sociale, à l'ouvrier comme au patron.

XI

Avec ces libertés complémentaires et limitatrices de la liberté du travail, la lumière se ferait rapidement sur ces questions qui prennent feu de nouveau, comme elles l'avaient fait avant 1848, questions qu'il faut se décider enfin à aborder résolûment, et qu'il faut empêcher de s'écarter de leur droit chemin. Les ouvriers comprendront alors que s'il est légitime à eux de désirer l'augmentation de leur bien-être, l'élévation du salaire (alors surtout qu'il faut l'obtenir par un chômage volontaire, c'est-à-dire par le gaspillage d'un temps précieux, par une perte irréparable dans la somme générale de la production) est le plus incomplet et le plus arriéré des moyens à employer. Ils comprendront la solidarité étroite qui existe souvent entre leur salaire et celui des ouvriers étrangers travaillant du même métier, dont les produits sont destinés à l'exportation ou introduits chez nous en vertu du libre échange, et ils ne réclameront plus dans ce cas une augmentation de salaire qui, ne permettant pas au fabricant de vendre avec un profit, le forcerait de renoncer à son industrie. Ils verront alors clairement pourquoi un groupe d'ouvriers français se propose d'aller à Bruxelles cette année, afin d'essayer de s'y entendre avec des ouvriers de tous les points de l'Europe sur la possibilité d'arrêter en commun un *minimum* de salaire, et ils attendront plus patiemment que cette très-difficile besogne soit au moins en bonne voie.

A l'aide des libertés complémentaires de la liberté du travail, l'ouvrier s'expliquera mieux le rôle des machines, et il supportera avec plus de résignation les souffrances momentanées qu'elles lui imposent; il sentira que par elles un jour viendra où son travail ne sera plus d'une aussi longue durée, et où il lui restera assez de temps libre pour s'occuper d'autre chose que de son pain quotidien, c'est-à-dire pour devenir un homme.

Il ne repoussera plus l'apprenti comme un concurrent qui vient menacer son gain futur; il ne le condamnera plus à perdre de longues années, pendant la plupart desquelles il pourrait continuer les leçons si utiles, si indispensables de l'école, à essayer « d'attraper la science » d'une profession que généralement on ne sait sérieusement qu'après avoir cessé de l'apprendre.

Il sentira mieux combien il est injuste qu'une coalition de métier entraîne le chômage forcé d'une foule d'autres qui se lient au premier, en ce temps de division extrême du travail.

Il reconnaîtra que la coalition, dans certains cas et pour certaines professions qui, par leur indispensabilité, sont en quelque sorte des services publics, présente un véritable danger social, et pourrait justement être appelée un coup d'État de la force collective.

L'ouvrier aura le courage et l'audace de croire qu'il possède assez d'intelligence et d'activité pour pratiquer plusieurs genres de travaux distincts, de façon à ne pas chômer tout l'hiver *s'il est du bâtiment*, un mois par saison *s'il est du vêtement*, ou la moitié de l'année *s'il est de l'article Paris*. Quand il voudra faire grève alors, s'il en est encore besoin, il pourra se passer de caisse de réserve. Pour attendre les événements, il lui suffira de changer d'atelier. Et il faut espérer qu'il en viendra aussi à faire ce calcul si simple, que 300 jours de travail à 5 francs, avec deux métiers, produiraient davantage que 200 jours à 6 francs, avec un seul.

XII

L'étude de l'économie politique démontrera encore à l'ouvrier que si tous obtiennent à leur tour une augmentation de salaire égale à celle qu'il aura obtenue, la situation sera devenue la même qu'avant, à une très-minime portion près, celle qui aura été prélevée sur les rentiers à rente fixe.

Ceci mérite d'être clairement expliqué, car il importe beaucoup de faire comprendre à tous combien *la grève* est un cercle vicieux. Tout producteur est

doublé d'un consommateur, et l'ouvrier d'un métier
a besoin, pour vivre, de faire vivre à son tour tous
ceux des autres professions. Si donc il fait augmenter
son salaire de 10 pour 100, et que les autres en
fassent autant, il est clair que son dixième de surplus
ne servira qu'à payer le dixième réclamé par les autres. Qui sait même si fabricants et débitants n'arrive-
ront pas à faire que ce dixième devienne un huitième
ou un sixième, et si les centimes exigés, par exemple,
par ouvrier, ne feront pas augmenter son produit,
au moins pour un temps, de 50 centimes ou d'un
franc?

L'action de la grève est donc, selon nous, une dé-
pense de forces inutile souvent, et dangereuse toujours, en raison des relations irritantes qu'elle fait
naître entre les citoyens.

XIII

Mais ce qui fera mieux que toute autre chose l'éducation du salarié, ce qui dissipera ses préjugés, ce qui lui enlèvera certaines illusions décevantes, c'est la pratique de l'association ouvrière. Là il appréciera, à ses dépens quelquefois, l'importance d'une bonne direction, la rareté relative des capacités, et surtout de leur réunion sur une seule tête; l'intérêt qu'il y a, indépendamment de l'idée de justice et d'équité, à récompenser, c'est-à-dire à rémunérer convenablement ces capacités, ne fût-ce que pour en faire éclore d'autres. La part actuelle du patron lui paraîtra moins léonine, lorsqu'il saura, par son gérant, quels embarras et quels soucis sont souvent inséparables de la position plus élevée qu'il occupe. Il apprendra ce qu'absorbent du profit brut les frais généraux, les escomptes de papier, les faillites. Il se rendra mieux compte de la situation enviée du fabricant qui a gagné 500,000 francs en dirigeant vingt ans un atelier de 250 ouvriers, en se souvenant que pour un qui en arrive là, il y en a beaucoup qui ont joint les deux bouts, comme on dit, et quelques-uns qui, n'ayant pas réussi, sont rentrés dans la condition modeste de l'atelier, après avoir distribué en salaires, qui 10,000, qui 20,000 francs de leur patrimoine.

Nous n'essayons pas d'attendrir les ouvriers sur le sort malheureux des entrepreneurs en général : à force de vouloir prouver, nous ne prouverions rien. Disons seulement qu'on est porté, dans les ateliers, à exagérer leurs profits d'une manière qui n'est pas seulement déraisonnable, mais qui, de plus, en entretenant des illusions sur ce que les associations peuvent procurer de bien-être à leurs membres, préparent à celles-ci de sérieux mécomptes. Soit donné pour exemple le fabricant dont nous venons de parler, et qui, exceptionnellement, a gagné un demi-million en vingt ans, avec l'aide de 250 salariés. Cela représente un prélèvement de 100 francs par an et par homme. Mais il faut en déduire l'intérêt du capital engagé, soit 5,000 francs par an s'il était de 100,000 francs. Voilà donc la part réduite d'un cinquième, c'est-à-dire à 80 francs l'an. Et si une association, substituée à ce fabricant, accordait à son gérant, comme il serait sage de le faire, une part dans ses bénéfices, si minime qu'elle soit, ce serait encore une réduction à faire sur les 80 francs annuels de la part ouvrière.

Telle qu'elle est, néanmoins, il vaut mieux que cette part revienne à l'associé, quand il saura se passer du patron. En donnant ces chiffres, nous avons voulu seulement prémunir les nôtres contre l'espèce de mirage que produit une grande fortune, quand on oublie le nombre des éléments qui ont contribué à la former.

XIV

L'étude et la discussion de toutes ces choses ne profiteront pas moins à tous ceux qui, d'une manière ou de l'autre, sont intéressés au progrès et à la prospérité de l'industrie. Peut-être l'édilité parisienne en viendra-t-elle à regretter d'avoir, par un développement disproportionné du luxe des logements, amené sur tout le reste une hausse telle, que, la vie ordinaire devenue impossible, une émigration considérable s'ensuivra.

Sous l'influence actuelle, Paris tend à devenir un immense caravansérail de voyageurs de toutes les nations, où l'on ne songera pas à vivre, mais à bien vivre, et où il ne restera un matin que les amateurs de jouissances raffinées, et les industries se rattachant directement à ces jouissances. Le travail utile, le labeur qui pourvoit aux vraies nécessités de la vie, ira forcément planter sa tente en province, dans les contrées où les conditions d'existence sont restées abordables. Mais cette armée de consommateurs-producteurs une fois partie, à quoi serviront ces milliers de maisons et de boutiques dont le revenu était basé sur les besoins de cette armée? Si quelques-uns de nos habiles en politique ont pensé qu'il était prudent de renvoyer ainsi de Paris, par les moyens indirects, une population dont le grand crime est de vouloir user du suffrage universel comme elle l'entend, le mécontentement de ceux qui auront été ruinés par cet état de choses n'aura pas de peine à combler le vide.

XV

Mais la liberté du travail se manifeste en ce moment avec de telles allures, qu'un autre résultat, bien plus probable, bien plus immédiat, tend à se produire. Une nouvelle et profonde division semble se préparer entre les éléments divers de la population.

Comme sous Louis-Philippe, ce qu'on nommait alors la petite bourgeoisie est en voie de s'irriter contre l'élément qu'on désignait sous le nom de peuple. De leur côté, tous ceux qui vivent du travail manuel ramassent dans leur arsenal de ce temps-là les armes un peu rouillées, sur lesquelles on lit : *exploitation de l'homme par l'homme ; omnipotence du capital,* etc., etc.

Ce danger-là, c'est à la sagesse des uns et des autres, c'est à la nécessité de leur union, qu'il faut faire appel pour le conjurer. Les uns et les autres doivent donc s'entendre tout d'abord pour demander qu'on revienne sérieusement à l'idée du congrès avant la guerre, et qu'on nous donne les libertés complémentaires à l'aide desquelles la lutte sociale, qui semble nous menacer une fois encore, serait sûrement évitée.

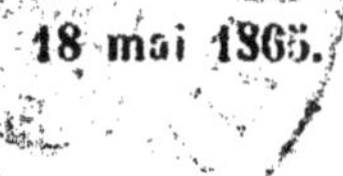

18 mai 1865.

PAGNERRE, LIBRAIRE-ÉDITEUR

Rue de Seine, 18, à PARIS

A. CORBON

LE

SECRET DU PEUPLE

DE PARIS

Le peuple est un livre vivant. Quiconque saura y lire y découvrira le secret des aspirations de la société moderne.

Et pourtant ce livre vivant est illisible à la plupart des personnes qui cultivent la science sociale, parce qu'elles sont presque toutes sous le coup de ce préjugé, que les aspirations populaires ne peuvent leur fournir aucune indication lumineuse. Afin de prouver le contraire, l'auteur de cette étude a quitté un moment ses outils habituels pour prendre la plume. Chair de la chair de la classe ouvrière, comme il le dit lui-même, et, mêlé depuis longtemps à ses agitations, il lui était plus facile qu'à beaucoup d'autres de déchiffrer les énigmes que présente le caractère du peuple

de Paris, ce représentant naturel de toutes les popula-
tions laborieuses de la France.

La nouveauté du sujet, la physiologie animée de la
population ouvrière, la profondeur et l'originalité des
aperçus, la couleur et l'allure toutes spéciales du style,
font de ce livre la plus attrayante et la plus instructive
des lectures. Ce qui frappe dans cette révélation, fruit
d'observations patientes et d'expériences personnelles,
c'est la persistance des tendances du peuple, la sûreté
de son instinct et la grandeur de ses aspirations.

SOMMAIRE

Première partie. — *Physiologie de la population ouvrière de
Paris.* — Traits distinctifs des classes et catégories dont elle se
compose.

Deuxième partie. — *La question du travail selon le peuple.* —
Généralités socialistes. — Solutions qui conviennent le mieux à la
classe ouvrière. — Secret de sa manière d'être dans l'atelier.

Troisième partie. — *La politique du peuple.* — Si l'on a raison
du peuple avec du pain et des fêtes. — Ce qu'est l'État dans la
pensée du peuple. — Son idéal politique. — Les partis. — Leur
raison d'être. — Tant ils sont vivants, tant est vivante la société.
— Le parti démocratique. — Caractère universel de la révolution
française. — Problèmes qu'elle soulève. — Les libres chercheurs.
— Où est l'instinct de la Révolution.

Quatrième partie. — *La religion du peuple.* — L'Église délaissée
par le peuple au profit de la Révolution. — Justification de ce
parti pris. — Le peuple est spiritualiste. — La Révolution ré-
pondra aux besoins de l'âme. — La rédemption terrestre, promise
par le Christianisme, sera réalisée par la Révolution. — Le bagne
transformé en atelier par l'esprit nouveau ; l'exilé à vie élevé au
rôle glorieux de collaborateur de la Divinité. — Base de certitude.
— Le Secret du peuple.

LE SECRET DU PEUPLE DE PARIS forme un beau volume de 416 pages

In-8, 5 fr. — In-18, 3 fr. 50

232

ENVOI FRANCO CONTRE LE PRIX EN TIMBRES-POSTE

PARIS. — IMP. SIMON RAÇON ET COMP., RUE D'ERFURTH, 1.